Curso para Novios/ Prematrimonial
Guía del Líder

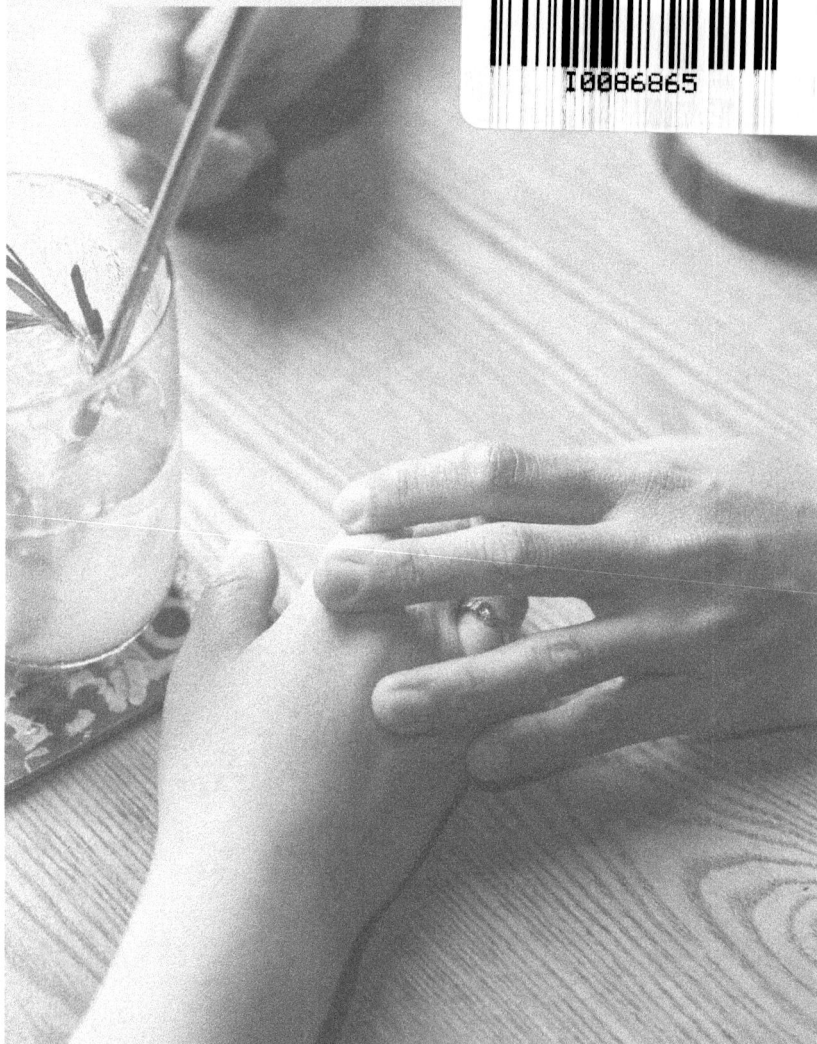

I0086865

© Alpha International 2020
Primera edición publicada en 2001
Esta nueva edición publicada en 2020

Todos los derechos reservados. Ninguna parte de esta guía o cualquier otra publicación Alpha puede reproducirse o transmitirse de ninguna forma o por ningún medio, electrónico o mecánico, incluyendo fotocopias, grabación o cualquier sistema de almacenamiento y recuperación de información, sin el permiso por escrito del titular de los derechos de autor o expresamente agente autorizado de los mismos. Donde una publicación Alpha se ofrece de forma gratuita, la tarifa no se aplica a condición de que la publicación se utilice para ejecutar o promocionar Alpha y no debe estar sujeta a ninguna tarifa o cargo posterior. Este recurso no puede modificarse ni utilizarse para ningún fin comercial sin el permiso por escrito del titular de los derechos de autor o del agente expresamente autorizado del mismo.

Publicado por Alpha International, HTB Brompton Road, Londres SW7 1JA. Diseñado por Birch®, 4 Plantain Place, Crosby Row, Londres SE1 1YN. internationalpublishing@alpha.org

ISBN 978 0 31014 496 0 (softcover)
ISBN 978 0 31014 497 7 (ebook)

Contenido

Bienvenidos

Hace muchos años un ministro del gobierno nos dijo, 'Sabemos que una sociedad sana se basa en familias sanas y que familias sanas se basan en matrimonios sólidos. Es por eso que nos interesan estos Cursos para Novios y Matrimonios.'

Estamos muy contentos de que hayan decidido llevar a cabo el Curso para Novios / Prematrimonial. Es una manera de invertir en su comunidad y, a su vez, de invertir en su propia relación. Esperamos que tengan una experiencia tan agradable y linda como la nuestra.

Esta Guía para Líderes está diseñada como una guía de referencia para preparar e impartir su curso. Nos resulta útil tenerla a mano cuando organizamos una sesión. Las listas de control y los horarios son particularmente útiles para mantenernos encaminados.

Háganos saber si tienen alguna pregunta y avísenos cómo les va.

Nicky and Sila

Nicky & Sila Lee
Creadores del Curso para Novios / Prematrimonial

Introducción

El Curso para Novios (CPN) comenzó en Holy Trinity Brompton (conocido como HTB), en Londres, en 1985. Desde entonces, se ha llevado a cabo en 127 países de todo el mundo, llegando a casi un millón de parejas..

El Curso para Novios es una serie de sesiones fáciles de realizar diseñadas para ayudar a las parejas a construir cimientos sólidos para su futuro, al equiparlos con las herramientas y habilidades prácticas que necesitarán. Por ejemplo, aprenden a comunicarse bien, valorar sus diferencias, explorar sus creencias y valores, asumir el compromiso y desarrollar una relación sana y de apoyo mutuo.

Si bien se basa en principios cristianos, el Curso para Novios es relevante para todas las parejas, ya sea que tengan antecedentes de fe o no, y damos la bienvenida a todas las parejas ya sea que estén comprometidas o que simplemente estén explorando la posibilidad del matrimonio.

En 2020, se hizo una nueva versión del Curso para Novios – con cinco episodios de video presentados por Nicky y Sila Lee, que contienen opiniones de expertos y se basan en las experiencias reales de parejas de todo el mundo. Los cursos se imparten en una variedad de lugares y contextos, desde iglesias y centros comunitarios hasta cafés y hogares.

Cada sesión del Curso para Novios comienza con algo para tomar y comer – lo que ayuda a crear un ambiente acogedor y romántico, seguido de una charla y un tiempo para conversaciones privadas para cada pareja. Cada invitado recibe un Diario Personal, lo cual ayuda a guiar cada conversación y es una parte esencial del curso.

Para obtener más información, visita **run.usa.themarriagecourse. org** donde podrás ver videos de capacitación, acceder a nuestros recursos más recientes y registrar tu curso.

05

¿Cómo impartirlo?

El Curso para Novios es fácil de impartir. Tenemos una serie de episodios filmados con el contenido del curso, que está disponible para descargar en nuestro sitio web cuando te registres en el curso.

Dirígete a **run.usa.themarriagecourse.org** para descargar los episodios y asegúrate de comprar suficientes Diarios Personales para los invitados para que las parejas tengan uno por persona (dos por pareja). También puedes descargar los diarios personales e imprimirlos para tus invitados.

Al usar episodios filmados de las charlas, tendrás tiempo para concentrarte en crear un ambiente cálido, acogedor, y relajado para tus invitados.

Hay indicaciones claras en el video sobre cuando necesitas hacer una pausa les dé tiempo a las parejas para tener una conversación privada. Estas indicaciones coinciden con las instrucciones en el Diario Personal para los invitados. También encontrarás los horarios de estas conversaciones en la sección 'Sinopsis y calendario de sesiones' de esta guía.

Todo lo que necesitas saber sobre cómo impartir el curso está a tu alcance en **run.usa.themarriagecourse.org**

Creando la experiencia

Crear un ambiente romántico, relajado e íntimo es una parte esencial del Curso para Novios.

La bienvenida que reciben las parejas y el ambiente al llegar dejarán una impresión duradera. Algunas parejas pueden sentirse intimidadas y preguntarse si se les pedirá que compartan detalles personales sobre su relación con otras personas. Crear el ambiente adecuado con la sensación de una cita nocturna íntima ayudará a tranquilizarlos de que las conversaciones que tendrán serán únicamente entre ellos dos.

Este tipo de ambiente ayuda a crear un espacio seguro en el que las parejas tienen más probabilidades de abrirse y tener conversaciones significativas que son claves para el curso.

El Lugar

Para un curso pequeño, un lugar ideal puede ser un hogar porque sería como recibir amigos en casa. En este entorno, pueden optar por comer juntos antes de sentarse en pareja para la sesión.

Para un curso grande obviamente necesitarás más espacio. Podría ser una iglesia, un centro comunitario o incluso un restaurante o café local.

Donde sea que estés organizando tu curso, deberías poder proporcionar tres cosas: algo para comer y beber, una pantalla para ver la charla y espacio suficiente para que cada pareja pueda tener sus propias conversaciones privadas.

Decoración e iluminación

El curso debe proporcionar un espacio relajado donde los invitados se sientan como si estuvieran en una cita. Si hay espacio, mesas individuales para dos ayudarán a crear una sensación de intimidad y privacidad. Velas, música de fondo suave, iluminación tenue y flores en las mesas ayudan a crear el ambiente adecuado.

La comida es clave

Cada sesión comienza con algo para comer y beber. Esto ayuda a los invitados a relajarse y es una oportunidad para que cada pareja se vuelva a concentrar el uno en el otro. Lo que elijas servir de comida variará según el lugar del mundo en el que te encuentres, el tamaño de tu curso y el horario en que lo organizas.

Servir el postre, té y café mientras las parejas tienen su conversación más extensa ayuda a que los invitados se sienten atendidos durante toda la sesión.

De ser posible, sirve el té, café y postre en sus mesas para no interrumpir el clima.

08

- Organiza mesas para dos con suficiente espacio entre sí para garantizar que las conversaciones sean privadas
- Asegúrate de que todos puedan ver la pantalla
- Asigna un espacio separado para abrigos y bolsos

Distribución sugerida de la sala

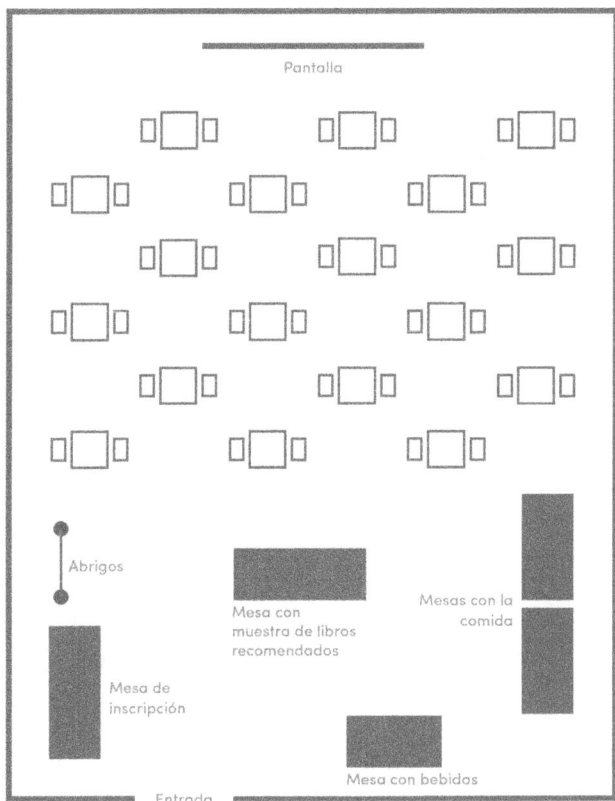

Pantalla

Abrigos

Mesa con muestra de libros recomendados

Mesas con la comida

Mesa de inscripción

Mesa con bebidas

Entrada

Mesas con dos sillas

09

Formando tu equipo

El Curso para Novios se lleva a cabo mejor en equipo. Es una gran oportunidad para que las personas de la iglesia se involucren, independientemente de su etapa de vida o si están en pareja o no. Según el tamaño de tu curso, podrías llegar a necesitar algunos voluntarios para desempeñar algunas o todas de las siguientes funciones.

Anfitriones del curso

Los anfitriones del curso generalmente abren y cierran la sesión y dan los anuncios. No necesitan preocuparse por dar las charlas, ya que les recomendamos que utilicen los episodios de video para impartir el curso. Estas charlas están disponibles en **run.usa.themarriagecourse.org** cuando registras tu curso.

Administrador

El administrador se encarga de los detalles de inscripción, de cobrar los pagos (si es que estás cobrando a los invitados para cubrir los costos del curso) y se asegura de que todos los materiales que se necesitan para cada sesión estén disponibles.

Decorador

Esta persona usará sus habilidades para transformar el lugar en una experiencia especial para los invitados, para que las parejas se sientan relajadas y puedan disfrutar de un tiempo juntos.

10

Equipo técnico

Cuando la parte técnica funciona bien, nadie se da cuenta de que hay un operador técnico, pero cuando no, ¡todos se dan cuenta! El equipo técnico ejecuta los videos, reproduce la música de fondo y muestra las diapositivas.

Comida

Tal vez te puede ayudar alguien a quien le guste cocinar y esté dispuesto a ayudar con el curso. Si estás organizando un curso grande, podrías pensar en la opción de contratar a un proveedor externo para que te proporcione comida de buena calidad y a buen precio.

Recepción

Hacer que la gente se sienta bienvenida y relajada a su llegada es fundamental. Los que dan la bienvenida son las primeras personas que los invitados van a conocer, así que piensa en las personas más amables que conoces y pídeles que formen parte de este equipo.

Para un curso más grande, es útil tener anfitriones adicionales para ayudar a dar la bienvenida, servir bebidas y estar disponibles para dar apoyo o consejos a los invitados.

Consejeros

En nuestra experiencia, siempre hay un par de parejas en cada curso que solicitan ayuda adicional, algunas de las cuales necesitan más ayuda de parte de un profesional. Entonces deberías tener a mano los datos de contacto de terapistas en distintas localidades a quienes puedas derivar.

Equipo de montaje y desmontaje

Según el tamaño de tu curso, tal vez podrías identificar a algunas personas para ayudar a armar el lugar para cada sesión, y desarmarlo después.

Equipo de oración

La oración es un aspecto vital del Curso para Novios. Podrías pedirle a una persona, o a un equipo de personas, que se comprometan a orar por todos los aspectos de tu curso, desde la logística hasta el equipo y los invitados.

11

Promocionar tu curso

La mayoría de las parejas asisten al Curso para Novios por invitación personal. Contarle a los demás sobre tu experiencia del curso ayuda a disipar el mito de que el Curso para Novios es sólo para parejas que necesitan ayuda. La realidad es que es relevante para cualquier pareja que quiera invertir en su relación y pensar en su futuro.

Los siguientes **seis consejos** ayudarán a tu equipo, a los miembros de tu iglesia y a las parejas que ya tomaron el curso de contarle a otros sobre el mismo e invitarlos al curso.

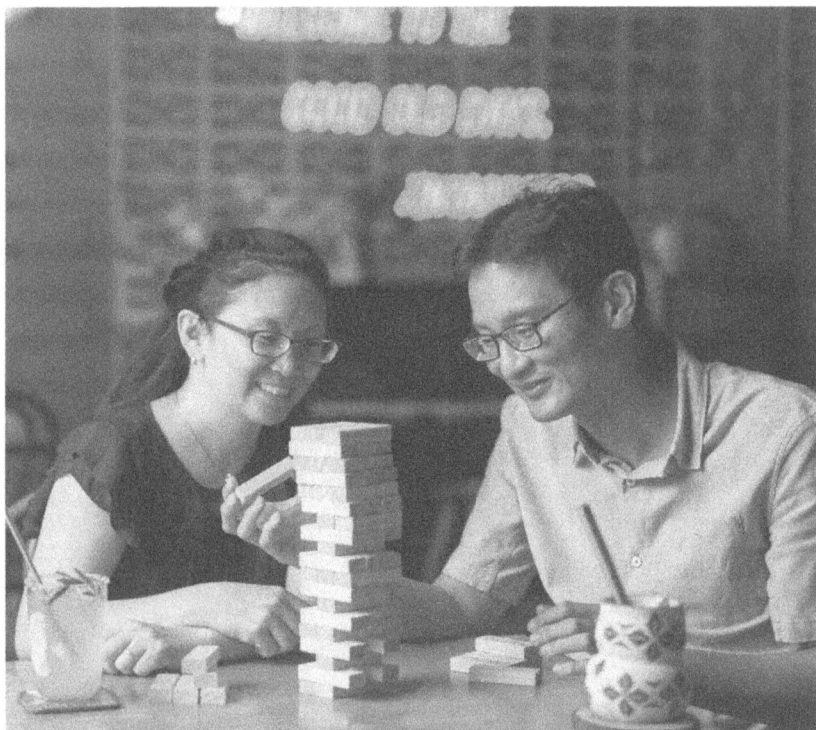

12

01

Pide a las parejas que compartan su experiencia

Pregúntales: ¿Qué te gustó y que valoraste de la experiencia? ¿Qué impacto tuvo en la relación con tu pareja?

04

Proporciona la fecha, hora y lugar

A medida que te acerques al final de un curso, es útil tener las invitaciones para el próximo curso impresas y listas para que los invitados las compartan personalmente con sus amigos.

02

Explica que el curso es para todas las parejas que están pensando en el matrimonio

Cualquiera que sea su situación, ya sea que estén comprometidos o pensando en casarse, que vayan a la iglesia o no, que se lleven bien o que vivan peleando, el Curso para Novios es apto para ellos.

05

Hacer correr la voz

Puedes accesar a una serie de materiales promocionales en línea cuando te registras en un curso. Los materiales incluyen historias de relaciones profundamente impactadas por el curso, así como folletos, carteles y pancartas. Visita **run.usa. themarriagecourse.org**

03

Da un resúmen del curso

Explícales que es como una cita y tranquiliza a los novios diciéndoles que no se les pedirá que hablen de su relación con nadie más que con su pareja.

06

Registra tu curso

Cada vez que implementes el Curso para Novios registra los detalles en **run.usa. themarriagecourse. org** De esta manera los invitados potenciales en tu área podrán encontrar donde se ofrece el curso.

13

Errores comunes

Hemos identificado seis errores comunes y conceptos equivocados que la gente tiene sobre el Curso para Novios. Queremos compartir lo que hemos aprendido a lo largo de los años para ayudarte a lograr el mejor curso posible.

'Necesito tener un matrimonio perfecto para dar el curso'

¡No temas, no existe el matrimonio perfecto! Todo lo que se necesita es el deseo de ayudar a otros a invertir en su relación. Ciertamente no es necesario ser un experto en matrimonios. Todo el contenido del curso está disponible para descargar en: **run.usa.themarriagecourse.org**

'Necesito adaptar el curso a mi contexto'

La experiencia de miles de anfitriones en todo el mundo es que los cursos funcionan en muchas culturas y contextos muy diferentes. Nuestra sugerencia es que mantengan la estructura básica, el contenido y el horario del curso, ya que hemos descubierto que estos elementos en su conjunto dan a las parejas el espacio adecuado para procesar lo que están aprendiendo y ponerlo en práctica.

Es importante que resistan la tentación de agregar o quitar material al curso, de unir sesiones, y de extender o reducir los tiempos de conversación.

'Es un curso, por lo tanto necesitas un aula'

Cuando los invitados entren, no queremos que sientan que están asistiendo a una clase o a una conferencia, o incluso a un sermón; queremos que se sientan como si estuvieran en una cita. Una cálida bienvenida y un ambiente especial crean una sensación de seguridad y ayudan a los novios a abrirse y tener conversaciones importantes, honestas e íntimas.

14

'Quizás también deberíamos hacer trabajo grupal...'

Es fácil pensar que sería útil para las parejas compartir en grupo sus experiencias de pareja y aprender de las experiencias de los demás. El hecho de que las conversaciones sean totalmente privadas y que no hay trabajo grupal anima a muchas parejas a asistir al curso, que de otra manera no lo considerarían.

'Es solo para parejas en nuestra iglesia'

El Curso Para Novios es para toda pareja, aunque no sean de tu iglesia. En realidad, es una excelente manera para que la iglesia tenga un impacto externo y satisfaga una necesidad importante en la sociedad. En efecto, el curso brinda esperanza y aliento, así como herramientas prácticas, para cualquier pareja sin importar su origen o que tengan o no una fe cristiana.

'Lo dimos una vez y eso es suficiente'

Nuestra experiencia es que la mayoría de las parejas vienen porque se lo han recomendado, porque un amigo o amiga lo encontró útil. El beneficio de dar varios cursos (por ejemplo, dos o tres veces al año) es que genera sinergia y les permite a los que han terminado, compartir lo que han aprendido e invitar a otros a tomar el curso. Adicionalmente, invitamos a todas las parejas que estén tomando el Curso para Novios (Prematrimonial) a tomar el Curso para Parejas a los dos años de casados, porque para aquel entonces van a haber experimentado la relevancia de los temas que abordamos. Generalmente, a las parejas que ya han tomado el curso les interesa ayudar a otras parejas, lo que al mismo tiempo les ayuda a seguir fortaleciendo su propia relación.

15

Capacitación para parejas de apoyo

¿Qué es una pareja de apoyo?

El rol de una pareja de apoyo es interesarse en la relación de una de las parejas en el curso y ser ejemplo de un matrimonio normal y sano. El requisito esencial de ser una pareja de apoyo es haber estado casado durante dos años o más y haber completado previamente el Curso para Parejas.

Las parejas de apoyo no necesitan ser expertos en el matrimonio y definitivamente no necesitan tener un matrimonio perfecto (como hemos dicho antes, ¡nadie lo tiene!). Simplemente tienen que estar dispuestos a invitar a una pareja a su casa, extenderles hospitalidad y estar dispuestos a compartir desde sus propias experiencias matrimoniales.

La responsabilidad principal de una pareja de apoyo es facilitar una conversación abierta entre las parejas y les brindamos una herramienta para que esto sea más fácil: la Encuesta para Novios.

¿Qué es la Encuesta para Novios?

La Encuesta para Novios es una herramienta sumamente efectiva para apoyar a los novios comprometidos o quienes están explorando la idea del matrimonio.

Es un cuestionario online que tiene 150 afirmaciones que cada persona completa por su cuenta, sin consultar con su pareja e idealmente antes de asistir a la primera sesión del Curso para Novios. Una vez que ambos han completado y enviado sus respuestas, se analizan sus resultados para producir un informe, que luego se envía a la pareja de apoyo asignada de forma privada antes de su reunión programada.

La Encuesta para Novios no es una prueba de compatibilidad, sino un pantallazo de su relación en un momento determinado. El informe sirve para guiar la conversación entre la pareja de apoyo y la pareja invitada sobre los temas más relevantes e importantes para ellos.

16

Capacitando a las parejas de apoyo

Para capacitar a las parejas de apoyo en su rol de interpretar el informe de la Encuesta para Novios y conversar sobre el mismo con los invitados, por favor asegúrense de mirar nuestros videos de capacitación para parejas de apoyo, los cuales incluyen:

- Una explicación sobre cómo interpretar el informe de la Encuesta para Novios
- Un ejemplo práctico de una reunión de la Encuesta para Novios
- Consejos sobre cómo manejar temas sensibles que podrían surgir

Encontrarás los videos de capacitación en **run.usa.themarriagecourse. org**

Estructura de la Sesión

Cada sesión de tu curso tendrá una duración aproximada de dos horas y 15 minutos, incluyendo la comida. Puedes encontrar horarios específicos para cada sesión en las páginas 21–27. Estos horarios son los que usamos para nuestro curso en Londres, pero se puede ajustar la hora de inicio según lo que sea más adecuado para tus invitados en tu contexto.

• •

La bienvenida

Algunos invitados sienten aprensión la primera noche; una cálida bienvenida siempre les ayuda a relajarse.

La comida (30 minutos)

La comida te permite crear un ambiente de cita para las parejas y les da tiempo a los novios para conectarse mientras comen.

Avisos y repaso (hasta 10 minutos)

Después de dar los avisos, les damos a las parejas la oportunidad de repasar el contenido de las sesiones anteriores. Para más detalles, consulta las guías de sesion que comienzan en la pagina 21.

Episodio y conversaciones (hasta una hora y 45 minutos)

Los episodios se intercalan con tiempos de conversación privada; estas son oportunidades para que las parejas hablen sobre un área de su relación. Estas conversaciones duran de cinco a 15 minutos. Te recomendamos poner música de fondo para mantener la sensación de privacidad de cada pareja.

Los horarios para cada conversación serán indicados en cada episodio filmado y también se encuentran en las guias de sesión que comienzan en la página 21.

18

Continuando con la conversación

Después de cada sesión en el Diario Personal del Invitado hay una sección titulada "Continuando con la conversación". Esto anima a los invitados a revisar sus calendarios y planificar una cita juntos la semana siguiente. Puede que tengan tiempo de planificar esto antes de volver a casa.

....

Al comienzo de la sesión final hay cuestionarios disponibles para que los invitados los completen, los cuales brindan comentarios útiles para la próxima vez. Vas a tener acceso a los cuestionarios cuando registres tu curso en **run.usa. themarriagecourse.org**

Lista de control

Para que estés preparado y listo para cada sesión, hemos creado una lista de control de las cosas que vas a necesitar para llevar a cabo el curso y crear un buen ambiente.

....

- ☐ Esta *Guía de Líder*

- ☐ Los episodios del Curso para Novios – descárgalos en: **run.usa.themarriagecourse.org**

- ☐ *Diarios Personales del Invitado* – uno para cada persona.

- ☐ Pantalla de TV o proyector – para reproducir los episodios.

- ☐ Música de fondo – para reproducir durante la comida, mientras las parejas hablan en privado y al final de cada sesión.

- ☐ Catering – comida y bebida al inicio y durante la sesión encontro.

- ☐ Mesas y sillas.

- ☐ Todos los detalles adicionales para hacer que el ambiente sea especial- iluminación adecuada manteles, flores y floreros, velas, servilletas de mesa.

- ☐ Una lista de invitados que se han registrado para el curso.

- ☐ Bolígrafos- para que los invitados tomen notas en sus diarios.

- ☐ *Diarios Personales* de repuesto para prestar en caso de que alguno de los invitados olvide traer el suyo a una sesión.

- ☐ Micrófono – para grupos más grandes.

- ☐ *Mesa o soporte para libros – por si deseas mostrar* algunos de los libros recomendados.

- ☐ Cuestionarios de fin del curso para usar únicamente en la sesión final.

21

Guía de la sesión

....

Sesión 1
La Comunicación

Sinopsis
Esta sesión cubre la manera en la cual
la comunicación se ve afectada por
nuestra personalidad, historia familiar y
circunstancias. Las parejas reflexionan sobre
cómo hablar sobre sus sentimientos y hacen
un ejercicio práctico de escucha mutua.

Horario

6:30	Estén listos: ¡los invitados suelen llegar temprano!
6:45	Bienvenida y servir bebidas
6:50	Comida
7:15	Aviso: faltan 5 minutos para empezar
7:20	Bienvenida

- Quédense tranquilos – no se les pedirá que hablen de su relación con nadie
  más que con su pareja.

- Si se quedan atascados en algún momento del curso, háganoslo saber.
  Nosotros u otra pareja estaremos complacidos de hablar con ustedes en
  privado. También tenemos detalles de un consejero profesional con quien
  podríamos ponerlos en contacto si es necesario.

....

7:25	Reproducir **Episodio 1 | La Comunicación**
7:32	Conversación 1: Expectativas diferentes (5 minutos)
7:43	Conversación 2: Cómo nos comunicamos (5 minutos)
7:52	Conversación 3: Estilos de comunicación familiar (10 minutos)
8:12	Conversación 4: Conversación eficiente (10 minutos)
8:38	Conversación 5: La escucha efectiva (15 minutos)

....

8:57	Fin de la sesión

22

El Conflicto

Sinopsis
El conflicto puede destruir una relación, o si está bien manejado, fortalecerla. En esta sesión, las parejas descubren como valorar sus diferencias, buscar soluciones juntos y sanar las heridas.

Horario

6:45 Bienvenida y servir bebidas

6:50 Comida

7:15 Aviso: faltan 5 minutos

7:22 Repaso de la Sesión 1
- Cuéntense algo nuevo que aprendieron sobre el matrimonio en la Sesión 1 y algo nuevo que descubrieron sobre el otro.
- Cuéntense cómo se sintieron al ser escuchados en la Conversación 5, 'Escucha efectiva'

....

7:25 Reproducir **Episodio 2 | El Conflicto**

7:39 Conversación 1: Rinocerontes y erizos (10 minutos)

7:57 Conversación 2: Reconociendo sus diferencias (10 minutos)

8:17 Conversación 3: Aplicar los 5 pasos (10 minutos)

8:40 Conversación 4: Sanar las heridas (15 minutos)

....

8:58 Fin de la sesión

23

Sesión 3

El Compromiso

Sinopsis

El compromiso está al corazón del pacto matrimonial y se ve reflejada en los votos tradicionales del matrimonio. En esta sesión, las parejas reflexionan sobre el significado de los votos y cómo vivir este compromiso en el día a día.

Horario

6:45   Bienvenida y servir bebidas

6:50   Aviso: faltan 5 minutos

7:15   Repaso

7:20   • Repasen la Sesión 2 para recordar los temas tratados

       • Luego conversen sobre cuáles de sus diferencias causan conflicto y cómo podrían ser complementarios en su relación

. . . .

7:25   Reproducir **Episodio 3 | El Compromiso**

7:33   Conversación 1: Los beneficios del matrimonio (5 minutos)

7:53   Conversación 2: Dividir responsabilidades (10 minutos)

8:10   Conversación 3: Los votos matrimoniales (10 minutos)

8:25   Conversación 4: Discutir las finanzas (10 minutos)

8:46   Conversación 5: Padres y suegros (10 minutos)

. . . .

9:00   Fin de la sesión

Sesión 4
La Conexión

Sinopsis

Esta sesión explora algunas maneras de nutrir el amor en un matrimonio. Por ejemplo, las parejas aprenden a construir su amistad, descubrir que hace que el otro se sienta amado, y desarrollar su relación sexual.

Horario

6:45	Bienvenida y servir bebidas
6:50	Comida
7:15	Aviso: faltan 5 minutos
7:20	• Pregúntale a tu pareja: ¿para ti, que aspecto de la Sesión 3 fue lo más útil para nuestra relación?

....

7:25	Reproducir **Episodio 4	La Conexión**
7:37	Conversación 1: Construyendo su amistad (10 minutos)
7:56	Conversación 2: Descubriendo sus lenguajes de amor (15 minutos)
8:26	Conversación 3: Hablar del sexo - Parte 1 (10 minutos)
8:43	Conversación 4: Hablar del sexo - Parte 2 (10 minutos)

....

8:56   Fin de la sesión

No te olvides de tener tus cuestionarios de fin del curso listos para entregar a los invitados al en la sesión final la semana que viene. Estos se encuentran en: **run.usa.themarriagecourse.org**

25

Iniciando la Aventura

Sinopsis

En esta sesión final, los invitados tienen la oportunidad de charlar sobre sus prioridades y objetivos para el futuro, los roles que esperan cumplir y cómo construir una vida espiritual unida.

Lista de control

- Cuestionarios de fin del curso, que se encuentran en: **run.usa. themarriagecourse.org**
- Invitaciones para tu próximo Curso para Novios o Curso para Parejas

Horario

6:45	Bienvenida y servir bebidas
6:50	Comida
7:15	Aviso: faltan 5 minutos y repaso
7:20	• Intenta recordar el orden de importancia de los lenguajes de amor para tu pareja. Fíjate en la Sesión 4, Conversación 2 si no te acuerdas.
	• Si tienes tu próximo curso planificado, ten invitaciones disponibles y anima a los invitados a decirle a sus amigos.
	• Anima a los invitados a completar el cuestionario de fin del curso (explica que esto servirá como un resumen útil del curso entero para ellos, además de ser útil para mejorar la experiencia de los invitados en cursos futuros).

....

7:30	Reproducir **Episodio 5	Iniciando la Aventura**
7:40	Conversación 1: Expresando aprecio (10 minutos)
8:05	Conversación 2: Reflexionando sobre tu crianza (15 minutos)
8:33	Conversación 3: Determinando sus prioridades (10 minutos)
8:50	Conversación 4: Aventurero o cauto (10 minutos)

....

9:05	Fin de la sesión

Pida a los invitados que pongan sus comentarios finales en su cuestionario de fin del curso y que lo entreguen antes de irse.

Guías de Estudio para el Curso de Matrimonios y el Curso de Pre-Matrimonios, visite:
churchsource.com/collections/alpha-marriage

O accese charlas, videos de entrenamiento, videos introductorios y guías (descargables) para líderes en: **alphausa.org/marriage**

Si le interesa descubrir más sobre la fe cristiana y le gustaría comunicarse con su Alpha más cercano, visite **alphausa.org**

www.ingramcontent.com/pod-product-compliance
Lightning Source LLC
Chambersburg PA
CBHW061201040426
42445CB00013B/1775